识繁写简 识简写繁

SHIFAN XIEJIAN SHIJIAN XIEFAN

韵文·蒙学卷

《识繁写简 识简写繁》
编写组 编著

山东城市出版传媒集团·济南出版社

图书在版编目（CIP）数据

识繁写简　识简写繁. 韵文、蒙学卷 / 《识繁写简 识简写繁》编写组编著. — 济南 : 济南出版社, 2024.1
（中国汉字识读启蒙丛书）
ISBN 978-7-5488-5977-2

Ⅰ. ①识… Ⅱ. ①识… Ⅲ. ①汉字—青少年读物
Ⅳ. ①H12-49

中国国家版本馆CIP数据核字（2023）第244197号

识繁写简　识简写繁（韵文、蒙学卷）
《识繁写简　识简写繁》编写组　编著

出 版 人　田俊林
图书策划　赵志坚　刘春艳
责任编辑　赵志坚　李文文　孙亚男　刘春艳
封面设计　谭　正
版式设计　刘欢欢
封面绘图　王桃花

出版发行　济南出版社
地　　址　济南市市中区二环南路 1 号（250002）
总 编 室　（0531）86131715
印　　刷　山东联志智能印刷有限公司
版　　次　2024年1月第1版
印　　次　2024年1月第1次印刷
成品尺寸　170 mm×240 mm　16开
印　　张　7
字　　数　61千字
定　　价　35.00元

编委会

致读者

亲爱的读者朋友：

汉字，不但字形美观、字音有趣，而且有着悠久的历史。体态优美的汉字，就像一位俏皮灵动的小精灵，在纸上跳着欢快的舞蹈。每个汉字都“深藏不露”，都有它独特的来历和含义，蕴涵着丰富的文化思想……汉字是中华民族的智慧结晶，是中国的无价之宝！

本丛书共6册，将简体、繁体相互对照，以儿歌、童谣、韵文、蒙学、古诗、故事等多种文学体裁的中华优秀传统文化为载体，辅以“汉字变变变”“汉字小游戏”“诗词小游戏”“佳作共赏析”“拓展小天地”等栏目，让读者在阅读中认识汉字的发展演变、熟悉简繁体的对照，从而真切感受中华优秀传统文化的魅力，提升文学素养，培养优秀品德。

本丛书对汉字最主要的表现形式是简体字与繁体字的对照。无论是生活在祖国大陆的读者，还是生活在港、澳、台的读者，甚至是海外华侨，都能以自己熟悉的字形轻松阅读，还能互相沟通交流，有利于提升对中华文化的认同感和归属感。

本丛书依据《现代汉语词典》（第7版）和《规范字与繁体字、异体字对照表》进行简体字、繁体字的转换，不表现异体字。有个别汉字在字义不同时表现的繁体字形也不同，如：“范”在作姓氏时写作“范”，在表现“模子、模范、范围、限制”含义时，繁体字则写作“範”；“才”作“才能、人才”之义时写作“才”，作副词时，繁体字则写作“纔”。

本丛书遵循在语言环境中识字的原则，借鉴了“字不离词、词不离句、句不离篇”的传统识字经验，把学习简体字、繁体字与学词、学句、阅读紧密结合，设置了“在文章中识汉字、在栏目中学演变、在游戏中练拓展”的识字模式，让读者沉浸其中，达到既能识字又能阅读文章与体会情感的双重目标。

现在，就让我们翻开书页，在汉字的奇妙世界中尽情遨游吧！

目录
目録

声律启蒙 / 聲律啓蒙

三字经 / 三字經

百家姓 / 百家姓

千字文 / 千字文

论　语 / 論　語

声律启蒙

[清] 车万育

聲律啓蒙

[清] 車萬育

天上广寒宫

天上廣寒宫

云对雨，
雪对风，
晚照对晴空。
来鸿对去燕，
宿鸟对鸣虫。
三尺剑，
六钧弓[1]，
岭北对江东。
人间清暑殿[2]，
天上广寒宫[3]。

雲對雨，
雪對風，
晚照對晴空。
來鴻對去燕，
宿鳥對鳴蟲。
三尺劍，
六鈞弓[1]，
嶺北對江東。
人間清暑殿[2]，
天上廣寒宫[3]。

汉字变变变 ∞ 漢字變變變

篆书	隶书	草书	规范楷书
篆書	隸書	草書	規範楷書

汉字小游戏 ∞ 漢字小游戲

吕 = gōng 宫：宫殿、少年宫 / 宮殿、少年宮

宀 + 丁 = níng 宁：宁静、安宁 / 寧静、安寧

于 = yǔ 宇：宇宙 / 宇宙

注释∞注釋

①六钧弓：一种要用六钧的力气才能拉开的强弓。钧，古代重量单位，一钧为三十斤。

②清暑殿：宫殿名，东晋孝武帝在都城建康（今江苏南京）所建。

③广寒宫：传说为月中仙子居住的宫殿。

①六鈞弓：一種要用六鈞的力氣才能拉開的强弓。鈞，古代重量單位，一鈞爲三十斤。

②清暑殿：宫殿名，東晋孝武帝在都城建康（今江蘇南京）所建。

③廣寒宫：傳説爲月中仙子居住的宫殿。

我的积累卡片◎我的積纍卡片

拓展小天地 ∞ 拓展小天地

上联：春风化雨

下联：壮志凌云

上联：蝉噪林愈静

下联：鸟鸣山更幽

上联：天上明月千里共

下联：人间春色九州同

上聯：春風化雨

下聯：壯志凌雲

上聯：蟬噪林愈靜

下聯：鳥鳴山更幽

上聯：天上明月千里共

下聯：人間春色九州同

扫码领取
- 示范朗读
- 专家问答
- 笔画动图本
- 少儿国学课

掃碼領取
- 示範朗讀
- 專家問答
- 筆畫動圖本
- 少兒國學課

课蜜几黄蜂

課蜜幾黄蜂

春对夏，
秋对冬，
暮鼓对晨钟。
观山对玩水，
绿竹对苍松。
冯妇虎[1]，
叶公龙[2]，
舞蝶对鸣蛩[3]。
衔泥双紫燕，
课蜜[4]几黄蜂。

春對夏，
秋對冬，
暮鼓對晨鐘。
觀山對玩水，
绿竹對蒼松。
馮婦虎[1]，
葉公龍[2]，
舞蝶對鳴蛩[3]。
銜泥雙紫燕，
課蜜[4]幾黄蜂。

汉字变变变 ∞ 漢字變變變

篆书	隶书	草书	规范楷书
篆書	隸書	草書	規範楷書

汉字小游戏 ∞ 漢字小游戲

黄 + 石 = huáng 磺 — 硫磺 / 硫磺

黄 + ⺮ = huáng 簧 — 弹簧 / 彈簧

黄 + 氵 = huáng 潢 — 装潢 / 裝潢

注释 ∞ 注釋

①冯妇虎：春秋时晋国有一个叫冯妇的人，善于搏虎，以此为业，曾一度停止打虎。后见众人逐虎，不觉技痒，下车搏虎。“冯妇”常用作重操旧业的典故。

②叶公龙：春秋楚国叶公子高非常喜欢龙，然而真龙来了，他却吓得要死。后来人们用“叶公好龙”比喻表面上爱好某事物，实际上并不真爱好。

③蛩（qióng）：蟋蟀。

④课蜜：采蜜。

①馮婦虎：春秋時晋國有一個叫馮婦的人，善于搏虎，以此爲業，曾一度停止打虎。後見衆人逐虎，不覺技癢，下車搏虎。“馮婦”常用作重操舊業的典故。

②葉公龍：春秋楚國葉公子高非常喜歡龍，然而真龍來了，他却嚇得要死。後來人們用“葉公好龍”比喻表面上愛好某事物，實際上并不真愛好。

③蛩（qióng）：蟋蟀。

④課蜜：采蜜。

拓展小天地 ∞ 拓展小天地

上联：山中日出

下联：水里风来

上联：黄莺鸣翠柳

下联：紫燕剪春风

上联：虚心竹有低头叶

下联：傲骨梅无仰面花

上聯：山中日出

下聯：水裏風來

上聯：黃鶯鳴翠柳

下聯：紫燕剪春風

上聯：虛心竹有低頭葉

下聯：傲骨梅無仰面花

奉璧蔺相如

奉璧藺相如

无对有，
实对虚，
作赋对观书。
绿窗对朱户，
宝马对香车。
伯乐马①，
浩然驴②，
弋雁对求鱼③。
分金齐鲍叔④，
奉璧蔺相如⑤。

無對有，
實對虛，
作賦對觀書。
綠窗對朱户，
寶馬對香車。
伯樂馬①，
浩然驢②，
弋雁對求魚③。
分金齊鮑叔④，
奉璧藺相如⑤。

汉字变变变 ∞ 漢字變變變

篆书	隶书	草书	规范楷书
篆書	隸書	草書	規範楷書

汉字小游戏 ∞ 漢字小遊戲

奉 + 扌 = 捧 pěng：众星捧月 / 衆星捧月

奉 + 木 = 棒 bàng：木棒、当头一棒 / 木棒、當頭一棒

奉 + 亻 = 俸 fèng：俸禄 / 俸祿

注释 ∞ 注釋

①伯乐马：相传，伯乐本名孙阳，春秋时期秦国人，以善相马著称。后世用“伯乐相马”指发现、赏识人才。

②浩然驴：唐代诗人孟浩然骑驴踏雪寻梅的故事。

③弋雁对求鱼：弋，射。求鱼，捕鱼。

④分金齐鲍叔：春秋时鲍叔牙和管仲一起做生意，管仲每次都多分一些给自己，鲍叔牙很理解，认为他是由于自家贫困，而不是贪婪。

⑤奉璧蔺（lìn）相如：战国时蔺相如奉璧出使秦国，最后完璧归赵。

①伯樂馬：相傳，伯樂本名孫陽，春秋時期秦國人，以善相馬著稱。後世用“伯樂相馬”指發現、賞識人才。

②浩然驢：唐代詩人孟浩然騎驢踏雪尋梅的故事。

③弋雁對求魚：弋，射。求魚，捕魚。

④分金齊鮑叔：春秋時鮑叔牙和管仲一起做生意，管仲每次都多分一些給自己，鮑叔牙很理解，認爲他是由于自家貧困，而不是貪婪。

⑤奉璧藺（lìn）相如：戰國時藺相如奉璧出使秦國，最後完璧歸趙。

拓展小天地 ∞ 拓展小天地

上联：有天皆丽日

下联：无地不春风

上联：谈笑有鸿儒

下联：往来无白丁

上联：海纳百川，有容乃大

下联：壁立千仞，无欲则刚

上聯：有天皆麗日

下聯：無地不春風

上聯：談笑有鴻儒

下聯：往來無白丁

上聯：海納百川，有容乃大

下聯：壁立千仞，無欲則剛

扫码领取
- 示范朗读
- 专家问答
- 笔画动图本
- 少儿国学课

掃碼領取
- 示範朗讀
- 專家問答
- 筆畫動圖本
- 少兒國學課

三径菊花黄

三徑菊花黄

简体	繁體
尧对舜，	堯對舜，
禹对汤，	禹對湯，
晋宋对隋唐。	晋宋對隋唐。
奇花对异卉，	奇花對异卉，
夏日对秋霜。	夏日對秋霜。
八叉手[①]，	八叉手[①]，
九回肠[②]，	九迴腸[②]，
地久对天长。	地久對天長。
一堤杨柳绿，	一堤楊柳緑，
三径菊花黄[③]。	三徑菊花黄[③]。

汉字变变变 ∽ 漢字變變變

篆书	隶书	草书	规范楷书
篆書	隸書	草書	規範楷書

汉字小游戏 ∽ 漢字小游戲

艹 + 匊 = 菊 (jú)
菊花、墨菊
菊花、墨菊

艹 + 乙 = 艺 (yì)
艺术、才艺
藝術、才藝

艹 + 约 = 药 (yào)
芍药、药物
芍藥、藥物

注释 ∞ 注釋

①八叉手：唐代诗人温庭筠才思敏捷，作诗双手相拱八次就写好了，时人称之“温八叉”。

②九回肠：比喻忧思难解，司马迁说自己遭凌辱“肠一日而九回”。

③三径菊花黄：汉末王莽专权，兖州刺史蒋诩（xǔ）辞官归隐，在院中开辟三条小路，只与求仲、羊仲来往。后以“三径”指归隐者的家园。

①八叉手：唐代詩人温庭筠才思敏捷，作詩雙手相拱八次就寫好了，時人稱之“温八叉”。

②九迴腸：比喻憂思難解，司馬遷説自己遭凌辱“腸一日而九迴”。

③三徑菊花黄：漢末王莽專權，兖州刺史蔣詡（xǔ）辭官歸隱，在院中開闢三條小路，衹與求仲、羊仲來往。後以“三徑”指歸隱者的家園。

拓展小天地 ∞ 拓展小天地

上联：冬迎梅至

下联：春伴燕归

上联：世无遗草真能隐

下联：山有名花转不孤

上联：读万卷书，行万里路

下联：综一代典，成一家言

上聯：冬迎梅至

下聯：春伴燕歸

上聯：世無遺草真能隱

下聯：山有名花轉不孤

上聯：讀萬卷書，行萬里路

下聯：綜一代典，成一家言

窗下读书灯
窗下讀書燈

新对旧，
降对升，
白犬对苍鹰。
葛巾[1]对藜杖[2]，
涧水[3]对池冰[4]。
张兔网，
挂鱼罾[5]，
燕雀对鲲鹏[6]。
炉中煎药火，
窗下读书灯。

新對舊，
降對升，
白犬對蒼鷹。
葛巾[1]對藜杖[2]，
澗水[3]對池冰[4]。
張兔網，
挂魚罾[5]，
燕雀對鯤鵬[6]。
爐中煎藥火，
窗下讀書燈。

汉字变变变 ∞ 漢字變變變

篆书	隶书	草书	规范楷书
篆書	隸書	草書	規範楷書

汉字小游戏 ∞ 漢字小游戲

穴 + 囱 = chuāng 窗：窗户、窗口 / 窗戶、窗口

穴 + 力 = qióng 穷：贫穷、穷困 / 貧窮、窮困

穴 + 巾 = lián 帘：竹帘、门帘 / 竹簾、門簾

注释 ∞ 注釋

①葛巾：葛布制成的头巾。

②藜（lí）杖：藜的茎做成的手杖。

③涧水：山涧里的泉水。

④池冰：池塘里的薄冰。

⑤鱼罾（zēng）：渔网。

⑥鲲鹏：传说中的大鸟。

①葛巾：葛布製成的頭巾。

②藜（lí）杖：藜的莖做成的手杖。

③澗水：山澗裏的泉水。

④池冰：池塘裏的薄冰。

⑤魚罾（zēng）：漁網。

⑥鯤鵬：傳説中的大鳥。

拓展小天地 ∞ 拓展小天地

上联：左牵黄

下联：右擎苍

上联：燕雀安知鸿鹄志

下联：鲲鹏反笑鸴（xué）鸠言

上联：读史有怀经世略

下联：检方常著活人书

上聯：左牽黄

下聯：右擎蒼

上聯：燕雀安知鴻鵠志

下聯：鯤鵬反笑鷽（xué）鳩言

上聯：讀史有懷經世略

下聯：檢方常著活人書

三字经

三字經

昔孟母，择邻处
昔孟母，擇鄰處

昔孟母，	昔孟母，
择邻处。	擇鄰處。
子不学，	子不學，
断机杼（zhù）。	斷機杼（zhù）。
窦燕山，	竇燕山，
有义方。	有義方。
教五子，	教五子，
名俱扬。	名俱揚。

汉字变变变 ∞ 漢字變變變

篆书	隶书	草书	规范楷书
篆書	隸書	草書	規範楷書

→ 孟

汉字小游戏 ∞ 漢字小游戲

皿 +

子	=	mèng 孟	孟子 孟子
合	=	hé 盒	盒子、盒饭 盒子、盒飯
舟	=	pán 盘	盘算、棋盘 盤算、棋盤

译文 ∞ 譯文

战国时，孟子的母亲曾三次搬家，就是为了让孟子有个良好的学习环境。一次，孟子逃学回家，孟子的母亲就剪断了正在织的布来教育孟子，让他知道学业如同织布，不可半途而废。五代时，窦禹钧教育孩子的方法很成功，因此他的五个孩子都学有所成，名扬四海。

戰國時，孟子的母親曾三次搬家，就是爲了讓孟子有個良好的學習環境。一次，孟子逃學回家，孟子的母親就剪斷了正在織的布來教育孟子，讓他知道學業如同織布，不可半途而廢。五代時，竇禹鈞教育孩子的方法很成功，因此他的五個孩子都學有所成，名揚四海。

我的积累卡片◎我的積纍卡片

拓展小天地 ∞ 拓展小天地

孟母三迁

我国古代思想家孟子，小时候很调皮。孟母为了让他有一个良好的成长环境，曾三次搬家。第一次，他们住在墓地旁边。孟子就和邻居的小孩玩起办理丧事的游戏。孟母看到了，就带着他搬到市集旁边去住。到了市集，孟子又和邻居的小孩学着商人做生意的样子玩起来。孟母知道后再次搬家。这一次，他们搬到了学校的附近。孟子开始变得喜欢读书。这个时候，孟母才满意地住了下来。

孟母三遷

我國古代思想家孟子，小時候很調皮。孟母爲了讓他有一個良好的成長環境，曾三次搬家。第一次，他們住在墓地旁邊。孟子就和鄰居的小孩玩起辦理喪事的游戲。孟母看到了，就帶着他搬到市集旁邊去住。到了市集，孟子又和鄰居的小孩學着商人做生意的樣子玩起來。孟母知道後再次搬家。這一次，他們搬到了學校的附近。孟子開始變得喜歡讀書。這個時候，孟母才滿意地住了下來。

养不教，父之过
養不教，父之過

养不教，	養不教，
父之过。	父之過。
教不严，	教不嚴，
师之惰。	師之惰。
子不学，	子不學，
非所宜。	非所宜。
幼不学，	幼不學，
老何为。	老何爲。

汉字变变变 ∞ 漢字變變變

篆书	隶书	草书	规范楷书
篆書	隸書	草書	規範楷書

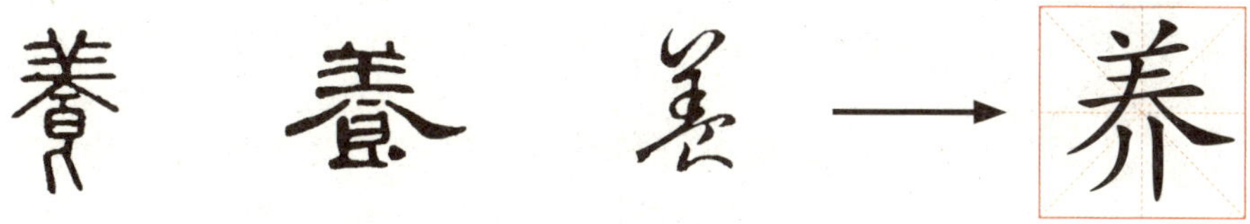

汉字小游戏 ∞ 漢字小游戲

父 + 巴 = bà 爸 — 爸爸 / 爸爸

父 + 多 = diē 爹 — 爹娘 / 爹娘

父 + 斤 = fǔ 斧 — 斧头 / 斧頭

译文∞譯文

仅仅是满足孩子的物质需求却不好好教育，是父母的过错。只是教育，但不严格要求，就是做老师的没尽职责了。小孩子不好好学习，是很不应该的。小时候不好好学习，到老了既不懂做人的道理，又没有知识，能有什么用呢？

僅僅是滿足孩子的物質需求却不好好教育，是父母的過錯。衹是教育，但不嚴格要求，就是做老師的没盡職責了。小孩子不好好學習，是很不應該的。小時候不好好學習，到老了既不懂做人的道理，又没有知識，能有什麽用呢？

我的积累卡片◎我的積累卡片

拓展小天地 ∞ 拓展小天地

方仲永

北宋有个叫方仲永的人，他在五岁还没有上学的时候，见到笔砚就非常喜欢。最神奇的是，没有经过学习的他居然能够出口成章，而且文采非凡。村里人纷纷称赞他是一个天才。渐渐地，方仲永的名声就传开了，许多人请他的父亲去做客，并且出钱让方仲永题诗。他的父亲见有利可图，就每天拉着方仲永四处拜访同县的人，而不让他去读书了。久而久之，方仲永的学业也就荒废了。等到他长大以后，他的才能完全消失了，跟普通人没什么两样。

方仲永

北宋有個叫方仲永的人，他在五歲還沒有上學的時候，見到筆硯就非常喜歡。最神奇的是，沒有經過學習的他居然能够出口成章，而且文采非凡。村裏人紛紛稱贊他是一個天才。漸漸地，方仲永的名聲就傳開了，許多人請他的父親去做客，并且出錢讓方仲永題詩。他的父親見有利可圖，就每天拉着方仲永四處拜訪同縣的人，而不讓他去讀書了。久而久之，方仲永的學業也就荒廢了。等到他長大以後，他的才能完全消失了，跟普通人沒什麼兩樣。

经子通，读诸史

經子通，讀諸史

经子通，	經子通，
读诸史。	讀諸史。
考世系，	考世系，
知终始。	知終始。
自羲（xī）农，	自羲（xī）農，
至黄帝。	至黄帝。
号三皇，	號三皇，
居上世。	居上世。

汉字变变变 ∞ 漢字變變變

篆书	隶书	草书	规范楷书
篆書	隸書	草書	規範楷書

汉字小游戏 ∞ 漢字小游戲

辶 + 甬 = 通 (tōng)　通过、变通　通過、變通

辶 + 了 = 辽 (liáo)　辽远、辽阔　遼遠、遼闊

辶 + 万 = 迈 (mài)　迈步、迈进　邁步、邁進

译文∞譯文

经书和子书读完以后，就该读各种史书了。读史书的时候一定要明白各朝各代是如何传承的，了解其盛衰的原因，只有这样才能从历史中汲取教训。伏羲氏、神农氏和黄帝都生活在上古时代，这三位帝王都勤政爱民、非常伟大，因此被后人称为“三皇”。

經書和子書讀完以後，就該讀各種史書了。讀史書的時候一定要明白各朝各代是如何傳承的，瞭解其盛衰的原因，衹有這樣纔能從歷史中汲取教訓。伏羲氏、神農氏和黄帝都生活在上古時代，這三位帝王都勤政愛民、非常偉大，因此被後人稱爲“三皇”。

我的积累卡片◎我的積纍卡片

拓展小天地 ∞ 拓展小天地

黄帝战蚩尤

四千多年以前，黄河流域有两个部落，其首领分别叫黄帝和炎帝。炎帝在带领部族向黄河中游迁徙时，与那里的九黎族发生了冲突。九黎族的首领名叫蚩尤，他带领族人打败了炎帝部落，炎帝只好向黄帝求助。于是，黄帝和炎帝将两个部落合并成炎黄部落，由黄帝担任首领。不久，黄帝率军和蚩尤大军展开了决战，结果蚩尤战败被杀。从此，各部族都听从黄帝的号令，尊奉他为天子。

黄帝戰蚩尤

四千多年以前，黄河流域有兩個部落，其首領分别叫黄帝和炎帝。炎帝在帶領部族向黄河中游遷徙時，與那裏的九黎族發生了衝突。九黎族的首領名叫蚩尤，他帶領族人打敗了炎帝部落，炎帝衹好向黄帝求助。于是，黄帝和炎帝將兩個部落合并成炎黄部落，由黄帝擔任首領。不久，黄帝率軍和蚩尤大軍展開了决戰，結果蚩尤戰敗被殺。從此，各部族都聽從黄帝的號令，尊奉他爲天子。

读史者，考实录

讀史者，考實録

读史者，	讀史者，
考实录。	考實録。
通古今，	通古今，
若亲目。	若親目。
口而诵，	口而誦，
心而惟。	心而惟。
朝于斯，	朝于斯，
夕于斯。	夕于斯。

汉字变变变 ∞ 漢字變變變

篆书	隶书	草书	规范楷书
篆書	隸書	草書	規範楷書

汉字小游戏 ∞ 漢字小游戲

史 + 亻 = shǐ 使 —— 使者 / 使者

史 + 马 = shǐ 驶 —— 驾驶 / 駕駛

译文 ∞ 譯文

在研读这些历史书籍的时候，要查考相关的历史资料，认真地分析，这样才能够了解古往今来的事，就好像亲眼看见一样。

在学习这些知识的时候，一定要大声地念出来，并且用心思考。除此之外，学习还要持之以恒，早晨不放松学习，晚上也刻苦攻读。

在研讀這些歷史書籍的時候，要查考相關的歷史資料，認真地分析，這樣纔能够瞭解古往今來的事，就好像親眼看見一樣。

在學習這些知識的時候，一定要大聲地念出來，并且用心思考。除此之外，學習還要持之以恒，早晨不放鬆學習，晚上也刻苦攻讀。

拓展小天地 ∞ 拓展小天地

好学的顾炎武

顾炎武是明末清初的大学者。他从小就勤奋学习，对待学问非常认真。长大后，顾炎武每当外出旅行时，都用马驮着沉甸甸的书，准备随时学习。在求学中，他还非常重视第一手资料的收集和整理。他如果发现某地的地理、风俗等与平日知道的不同，就会马上打开书本进行核对、校正。就这样，他手不释卷，日积月累，终于掌握了丰富的知识。后来，他把这些笔记整理成了《日知录》一书。

好學的顧炎武

顧炎武是明末清初的大學者。他從小就勤奮學習，對待學問非常認真。長大後，顧炎武每當外出旅行時，都用馬馱着沉甸甸的書，準備隨時學習。在求學中，他還非常重視第一手資料的收集和整理。他如果發現某地的地理、風俗等與平日知道的不同，就會馬上打開書本進行核對、校正。就這樣，他手不釋卷，日積月纍，終于掌握了豐富的知識。後來，他把這些筆記整理成了《日知録》一書。

如负薪，如挂角

如負薪，如挂角

如囊（náng）萤，
如映雪。
家虽贫，
学不辍（chuò）。
如负薪（xīn），
如挂角。
身虽劳，
犹苦卓。

如囊（náng）螢，
如映雪。
家雖貧，
學不輟（chuò）。
如負薪（xīn），
如挂角。
身雖勞，
猶苦卓。

汉字变变变 ∞ 漢字變變變

篆书	隶书	草书	规范楷书
篆書	隸書	草書	規範楷書

汉字小游戏 ∞ 漢字小游戲

角 + 石 = 确 (què)：确实、的确 / 確實、的確

角 + 虫 = 触 (chù)：触摸 / 觸摸

角 + 光 = 觥 (gōng)：觥筹交错 / 觥籌交錯

译文 ∞ 譯文

晋朝的车胤，把萤火虫装在纱袋里，借着萤火虫的微光来读书。和他同时代的孙康则在冬夜里借着积雪的反光苦读。他们虽然家境贫苦，却不曾中断、停止学习。汉代的朱买臣一边挑柴赶路，一边看书。隋朝的李密帮人放牛时，把书挂在牛角上，边赶路边读书。他们虽然身体劳累，却在逆境中苦心学习，最终成就不凡。

晋朝的車胤，把螢火蟲裝在紗袋裹，藉着螢火蟲的微光來讀書。和他同時代的孫康則在冬夜裹藉着積雪的反光苦讀。他們雖然家境貧苦，却不曾中斷、停止學習。漢代的朱買臣一邊挑柴趕路，一邊看書。隋朝的李密幫人放牛時，把書挂在牛角上，邊趕路邊讀書。他們雖然身體勞累，却在逆境中苦心學習，最終成就不凡。

拓展小天地 ∞ 拓展小天地

李密牛角挂书

李密在少年时学习刻苦，上进心很强，他打听到缑山有一位名士包恺，就前去向他求学。李密骑上一头牛出发了，牛背上铺着用蒲草编的垫子，牛角上挂着一部《汉书》。李密一边赶路一边读《汉书》中的《项羽传》，正巧越国公杨素骑着快马从后面赶上来，赞扬他道：“这么勤奋的书生真是少见啊！”李密回过头来，一见是越国公，赶紧从牛背上跳下来行礼。一老一少在路边交谈起来，杨素深感李密谈吐不俗。

李密牛角挂書

李密在少年時學習刻苦，上進心很强，他打聽到緱山有一位名士包愷，就前去向他求學。李密騎上一頭牛出發了，牛背上鋪着用蒲草編的墊子，牛角上挂着一部《漢書》。李密一邊趕路一邊讀《漢書》中的《項羽傳》，正巧越國公楊素騎着快馬從後面趕上來，贊揚他道：“這麽勤奮的書生真是少見啊！”李密回過頭來，一見是越國公，趕緊從牛背上跳下來行禮。一老一少在路邊交談起來，楊素深感李密談吐不俗。

百家姓

百家姓

孙
孫

赵钱孙李， 周吴郑王。	趙錢孫李， 周吴鄭王。

我的积累卡片◎我的積纍卡片

汉字变变变 ∞ 漢字變變變

篆书	隶书	草书	规范楷书
篆書	隸書	草書	規範楷書

汉字小游戏 ∞ 漢字小游戲

子 + 小 = 孙 sūn：子孙 / 子孫

子 + 瓜 = 孤 gū：孤独、孤单 / 孤獨、孤單

子 + 亥 = 孩 hái：孩童 / 孩童

姓氏来源 ∞ 姓氏來源

孙姓是一个历史悠久的大姓，起源的说法很多，有说源自西周姬姓王族惠孙，有说源自春秋时期楚国芈姓贤臣孙叔敖，也有说源自被齐景公赐姓孙氏的齐国大夫田书。

孫姓是一個歷史悠久的大姓，起源的説法很多，有説源自西周姬姓王族惠孫，有説源自春秋時期楚國芈姓賢臣孫叔敖，也有説源自被齊景公賜姓孫氏的齊國大夫田書。

姓氏名人 ∞ 姓氏名人

春秋末期的军事家　孙武

战国时期的军事家　孙膑

三国时吴国的建立者　孙权

……

春秋末期的軍事家　孫武

戰國時期的軍事家　孫臏

三國時吴國的建立者　孫權

……

杨

楊

冯陈褚（chǔ）卫，
蒋沈韩杨。

馮陳褚（chǔ）衛，
蔣沈韓楊。

我的积累卡片◎我的積纍卡片

汉字变变变 ∞ 漢字變變變

篆书	隶书	草书	规范楷书
篆書	隸書	草書	規範楷書

→ 杨

汉字小游戏 ∞ 漢字小游戲

木 + 木 = 林（lín）　森林 / 森林

木 + 卯 = 柳（liǔ）　垂柳 / 垂柳

姓氏来源 ∞ 姓氏來源

周武王姬发之子唐叔虞的后代被封在杨地，子孙就以地名为姓；周宣王的儿子尚父被封为杨侯，他的后代就以“杨”为姓。

周武王姬發之子唐叔虞的後代被封在楊地，子孫就以地名爲姓；周宣王的兒子尚父被封爲楊侯，他的後代就以“楊”爲姓。

姓氏名人 ∞ 姓氏名人

东汉著名文学家、政治家　杨修

东汉文学家　杨震

隋朝开国君主　杨坚

“初唐四杰”之一　杨炯

……

東漢著名文學家、政治家　楊修

東漢文學家　楊震

隋朝開國君主　楊堅

“初唐四杰”之一　楊炯

……

秦

秦

朱秦尤许，
何吕施张。

朱秦尤許，
何呂施張。

我的积累卡片◎我的積纍卡片

汉字变变变 ∞ 漢字變變變

篆书	隶书	草书	规范楷书
篆書	隸書	草書	規範楷書

汉字小游戏 ∞ 漢字小游戲

秦 + 木 = 榛 (zhēn)：榛子 / 榛子

秦 + 至 = 臻 (zhēn)：日臻 / 日臻

秦 + 艹 = 蓁 (zhēn)：蓁蓁 / 蓁蓁

姓氏来源 ∞ 姓氏來源

秦姓出处有二：一是出自嬴姓，嬴非子为周孝王牧马有功，获封秦地，他的子孙就以“秦”为姓；二是出自鲁国侯伯禽裔孙的封地秦邑，子孙便以“秦”为姓。

秦姓出處有二：一是出自嬴姓，嬴非子爲周孝王牧馬有功，獲封秦地，他的子孫就以“秦”爲姓；二是出自魯國侯伯禽裔孫的封地秦邑，子孫便以“秦”爲姓。

姓氏名人 ∞ 姓氏名人

隋唐英雄　秦琼

北宋词人　秦观

南宋著名数学家　秦九韶

……

隋唐英雄　秦瓊

北宋詞人　秦觀

南宋著名數學家　秦九韶

……

孔
孔

孔曹严华，
金魏陶姜。

孔曹嚴華，
金魏陶姜。

我的积累卡片◎我的積纍卡片

汉字变变变 ∞ 漢字變變變

篆书	隶书	草书	规范楷书
篆書	隸書	草書	規範楷書

汉字小游戏 ∞ 漢字小游戲

子 + 乚 = 孔（kǒng）
孔融让梨
孔融讓梨

子 + 攵 = 孜（zī）
孜孜不倦
孜孜不倦

子 + 包 = 孢（bāo）
孢子
孢子

姓氏来源 ∞ 姓氏來源

黄帝时，有一个史官名叫孔甲，他的后代就以“孔”为姓；商朝的开国君主成汤姓子，字天乙，为了纪念汤，成汤的子孙将“子”和“乙”合在一起，组合成“孔”字，作为姓氏。

黄帝時，有一個史官名叫孔甲，他的後代就以“孔”爲姓；商朝的開國君主成湯姓子，字天乙，爲了紀念湯，成湯的子孫將“子”和“乙”合在一起，組合成“孔”字，作爲姓氏。

姓氏名人 ∞ 姓氏名人

儒家思想的創始人　　孔子

“建安七子”之一　　孔融

清初詩人、戲曲作家　　孔尚任

……

儒家思想的创始人　　孔子

“建安七子”之一　　孔融

清初诗人、戏曲作家　　孔尚任

……

谢

謝

戚（qī）谢邹（zōu）喻，
柏（bǎi）水窦（dòu）章。

戚（qī）謝鄒（zōu）喻，
柏（bǎi）水竇（dòu）章。

我的积累卡片◎我的積纍卡片

汉字变变变 ∞ 漢字變變變

篆书	隶书	草书	规范楷书
篆書	隸書	草書	規範楷書

→ 谢

汉字小游戏 ∞ 漢字小游戲

讠 + 射 = xiè 谢 感谢 感謝

讠 + 十 = jì 计 计算 計算

讠 + 丁 = dìng 订 预订 預訂

姓氏来源 ∞ 姓氏來源

申伯是周宣王王后姜氏的兄弟，他辅佐宣王治理国家有功，并以国舅的身份被封于谢，他的子孙就按当时的习惯，以国名为姓，通通姓“谢”了。

申伯是周宣王王后姜氏的兄弟，他輔佐宣王治理國家有功，并以國舅的身份被封于謝，他的子孫就按當時的習慣，以國名爲姓，通通姓“謝”了。

姓氏名人 ∞ 姓氏名人

东晋女诗人　谢道韫

东晋宰相、太傅　谢安

东晋名将　谢玄

明代贤相　谢迁

当代著名诗人　谢婉莹（冰心）

……

東晉女詩人　謝道韞

東晉宰相、太傅　謝安

東晉名將　謝玄

明代賢相　謝遷

當代著名詩人　謝婉瑩（冰心）

……

千字文

〔南北朝〕周兴嗣

千字文

〔南北朝〕周興嗣

天地玄黄

天地玄黄

天地玄黄，
宇宙洪荒。
日月盈昃（zè），
辰宿（xiù）列张。

天地玄黄，
宇宙洪荒。
日月盈昃（zè），
辰宿（xiù）列張。

汉字变变变 ∞ 漢字變變變

篆书	隶书	草书	规范楷书
篆書	隸書	草書	規範楷書

汉字小游戏 ∞ 漢字小遊戲

玄 + 火 = xuàn 炫

炫目、炫耀
炫目、炫耀

玄 + 目 = xuàn 眩

头晕目眩
頭暈目眩

玄 + 弓 = xián 弦

弓弦、琴弦
弓弦、琴弦

译文 ∞ 譯文

开天辟地时，天是深青色的，大地是黄色的，宇宙混沌而无边无际。太阳从东边升起，从西边落下；月亮圆了又缺，缺了又圆；星辰按一定的规则布满了天空。

開天闢地時，天是深青色的，大地是黄色的，宇宙混沌而無邊無際。太陽從東邊升起，從西邊落下；月亮圓了又缺，缺了又圓；星辰按一定的規則布滿了天空。

我的积累卡片◎我的積纍卡片

拓展小天地 ∞ 拓展小天地

兴嗣白发

梁武帝令人从晋代大书法家王羲之的手迹中拓下一千个各不相干的字，然后让他最信赖的员外散骑侍郎周兴嗣将这一千字编撰成一篇通俗易懂的启蒙读物。周兴嗣接受任务回到家后，苦思冥想了一整夜，方文思如泉涌。他边吟边书，终将这一千字联串成一篇内涵丰富的四言韵书。这就是《千字文》。全文为四字句，对仗工整，条理清晰，文采斐然。梁武帝读后，拍案叫绝，即令送去刻印，刊之于世。周兴嗣因一夜成书，用脑过度，次日已鬓发皆白。

興嗣白髮

梁武帝令人從晋代大書法家王羲之的手迹中拓下一千個各不相干的字，然後讓他最信賴的員外散騎侍郎周興嗣將這一千字編撰成一篇通俗易懂的啓蒙讀物。周興嗣接受任務回到家後，苦思冥想了一整夜，方文思如泉涌。他邊吟邊書，終將這一千字聯串成一篇内涵豐富的四言韵書。這就是《千字文》。全文爲四字句，對仗工整，條理清晰，文采斐然。梁武帝讀後，拍案叫絶，即令送去刻印，刊之于世。周興嗣因一夜成書，用腦過度，次日已鬢髮皆白。

始制文字
始製文字

始制文字，	始製文字，
乃服衣裳。	乃服衣裳。
推位让国，	推位讓國，
有虞（yú）陶唐。	有虞（yú）陶唐。

汉字变变变 ∞ 漢字變變變

篆书	隶书	草书	规范楷书
篆書	隸書	草書	規範楷書

汉字小游戏 ∞ 漢字小遊戲

文 + 虫 = 蚊 (wén)：蚊虫 / 蚊蟲

文 + 纟 = 纹 (wén)：花纹、波纹 / 花紋、波紋

文 + 土 = 坟 (fén)：坟墓 / 墳墓

译文 ∞ 譯文

黄帝的史官仓颉创造了文字，黄帝的妻子嫘祖教会人们养蚕取丝，让人们穿上了衣裳。舜帝和尧帝实行禅让制，主动把王位传给有才德的人，被后人称赞。

黄帝的史官倉頡創造了文字，黄帝的妻子嫘祖教會人們養蠶取絲，讓人們穿上了衣裳。舜帝和堯帝實行禪讓制，主動把王位傳給有才德的人，被後人稱贊。

我的积累卡片◎我的積纍卡片

嫘　祖

上古之民，未有衣服，其用以蔽体者，夏则树叶，冬则兽皮。及黄帝时，西陵氏有女曰嫘祖，为黄帝元妃，发明蚕丝之用。乃教民育蚕治丝，以制衣裳。

嫘　祖

上古之民，未有衣服，其用以蔽體者，夏則樹葉，冬則獸皮。及黄帝時，西陵氏有女曰嫘祖，爲黄帝元妃，發明蠶絲之用。乃教民育蠶治絲，以製衣裳。

罔谈彼短

罔談彼短

罔（wǎng）谈彼短，
靡（mǐ）恃（shì）己长。
信使可覆（fù），
器欲难量（liáng）。

罔（wǎng）談彼短，
靡（mǐ）恃（shì）己長。
信使可覆（fù），
器欲難量（liáng）。

扫码领取
示范朗读
专家问答
笔画动图本
少儿国学课

掃碼領取
示範朗讀
專家問答
筆畫動圖本
少兒國學課

汉字变变变 ∞ 漢字變變變

篆书	隶书	草书	规范楷书
篆書	隸書	草書	規範楷書

→ 量

汉字小游戏 ∞ 漢字小游戲

旦 + 里 = 量 (liáng)　测量 / 測量

旦 + 木 = 查 (chá)　调查 / 調查

旦 + 月 = 胆 (dǎn)　肝胆相照 / 肝膽相照

译文 ∞ 譯文

不要谈论别人的短处，也不要依仗自己的长处而不思进取。为人要守信用，这样才经得起考验；心胸宽广，气度宏大，要让人难以估量。

不要談論别人的短處，也不要依仗自己的長處而不思進取。爲人要守信用，這樣才經得起考驗；心胸寬廣，氣度宏大，要讓人難以估量。

我的积累卡片◎我的積纍卡片

拓展小天地 ∞ 拓展小天地

张英与六尺巷

张英，清朝康熙年间任首辅军机大臣。《桐城县志略》记载，张英在朝廷任职时，他在安徽桐城的家人和邻居因建房占地产生纠纷，互不相让。

张家人便给当大官的张英写信讲了此事，请他出面干涉。张英看信后，并没有倚仗自己官威欺压邻居，而是回信说：“千里来书只为墙，让他三尺又何妨？万里长城今犹在，不见当年秦始皇。”

张家人看完，便主动让出三尺空地。邻居也深受感动，也将墙退回三尺。两家和好如初。这就是“六尺巷”的由来，至今传为美谈。

張英與六尺巷

張英，清朝康熙年間任首輔軍機大臣。《桐城縣志略》記載，張英在朝廷任職時，他在安徽桐城的家人和鄰居因建房占地產生糾紛，互不相讓。

張家人便給當大官的張英寫信講了此事，請他出面干涉。張英看信後，并没有倚仗自己官威欺壓鄰居，而是回信説：“千里來書衹爲墻，讓他三尺又何妨？萬里長城今猶在，不見當年秦始皇。”

張家人看完，便主動讓出三尺空地。鄰居也深受感動，也將墻退回三尺。兩家和好如初。這就是“六尺巷”的由來，至今傳爲美談。

空谷传声
空谷傳聲

空谷传声，	空谷傳聲，
虚堂习听。	虛堂習聽。
祸因恶积，	禍因惡積，
福缘善庆。	福緣善慶。

扫码领取
- 示范朗读
- 专家问答
- 笔画动图本
- 少儿国学课

掃碼領取
- 示範朗讀
- 專家問答
- 筆畫動圖本
- 少兒國學課

汉字变变变 ∞ 漢字變變變

篆书	隶书	草书	规范楷书
篆書	隸書	草書	規範楷書

汉字小游戏 ∞ 漢字小游戲

穴 +	工 =	kōng 空	海阔天空	海闊天空
	工 =	kòng 空	空白、填空	空白、填空
	弓 =	qióng 穹	苍穹	蒼穹
	犬 =	tū 突	突然	突然

译文∞譯文

在空旷清幽的山谷中，声音传播很快，能传很远；在空荡的厅堂里，说话都会有回声。祸患是平时作恶多端累积起来的结果，福禄是长期行善累积起来的余庆。

在空曠清幽的山谷中，聲音傳播很快，能傳很遠；在空蕩的廳堂裏，說話都會有迴聲。禍患是平時作惡多端纍積起來的結果，福祿是長期行善纍積起來的餘慶。

我的积累卡片◎我的積纍卡片

拓展小天地∞拓展小天地

林积还珠

宋朝时，有个叫林积的年轻人进京赶考，途中投宿在一家客栈里。晚上，他躺在床上，觉得有东西硌背，便掀起席子查看。结果他发现了一个装满珍珠的绸袋，便小心地收起来。第二天，他从店主那里得知，在他之前有一个大商人住过这间客房。林积对店主说，那人是自己的老朋友，如果他再来，请他到京师找自己。店主答应了。几天后，那名丢了珍珠的商人辗转找到了林积。林积核实了情况，将珍珠如数奉还。商人感激不已，要拿出绸袋里的一半珍珠酬谢林积，林积坚决不收。

林積還珠

宋朝時，有個叫林積的年輕人進京趕考，途中投宿在一家客棧裏。晚上，他躺在床上，覺得有東西硌背，便掀起席子查看。結果他發現了一個裝滿珍珠的綢袋，便小心地收起來。第二天，他從店主那裏得知，在他之前有一個大商人住過這間客房。林積對店主説，那人是自己的老朋友，如果他再來，請他到京師找自己。店主答應了。幾天後，那名丟了珍珠的商人輾轉找到了林積。林積核實了情況，將珍珠如數奉還。商人感激不已，要拿出綢袋裏的一半珍珠酬謝林積，林積堅決不收。

昆池碣石

昆池碣石

昆池碣（jié）石，
巨野洞庭（tíng）。
旷远绵邈（miǎo），
岩岫（xiù）杳冥。

昆池碣（jié）石，
巨野洞庭（tíng）。
曠遠綿邈（miǎo），
岩岫（xiù）杳冥。

汉字变变变 ∞ 漢字變變變

篆书	隶书	草书	规范楷书
篆書	隸書	草書	規範楷書

汉字小游戏 ∞ 漢字小游戲

日 + 比 = 昆 (kūn)
昆仑、昆剧
昆侖、昆劇

日 + 立 = 音 (yīn)
声音、音乐
聲音、音樂

日 + 十 = 早 (zǎo)
早晨
早晨

译文∞譯文

赏池赴昆明滇池，观海临河北碣石，看泽去山东巨野，望湖到湖南洞庭。华夏大地宽广辽阔，江河湖海连绵不绝，名山奇谷幽深秀丽。

赏池赴昆明滇池，觀海臨河北碣石，看澤去山東巨野，望湖到湖南洞庭。華夏大地寬廣遼闊，江河湖海連綿不絕，名山奇谷幽深秀麗。

我的积累卡片◎我的積纍卡片

拓展小天地 ∞ 拓展小天地

曹操碣石山观海

三国时期，天下大乱，北方的袁绍和曹操都想吞并对方，伺机一统天下。公元200年，袁绍率十万大军攻打曹操，曹操率七万兵马迎敌。两军在官渡交战，曹操一举打败了袁军。接着，他又平定了辽西、辽东等地。得胜后，他踌躇满志地班师回朝。路过河北碣石山时，曹操站在碣石山上，望着辽阔苍茫的大海，不禁吟道：“东临碣石，以观沧海。水何澹澹，山岛竦峙……”这首《观沧海》通过对大海壮丽景象的描写，展现出诗人博大的胸怀和积极进取的精神，成为千古佳作。

曹操碣石山觀海

三國時期，天下大亂，北方的袁紹和曹操都想吞并對方，伺機一統天下。公元200年，袁紹率十萬大軍攻打曹操，曹操率七萬兵馬迎敵。兩軍在官渡交戰，曹操一舉打敗了袁軍。接着，他又平定了遼西、遼東等地。得勝後，他躊躇滿志地班師回朝。路過河北碣石山時，曹操站在碣石山上，望着遼闊蒼茫的大海，不禁吟道：“東臨碣石，以觀滄海。水何澹澹，山島竦峙……”這首《觀滄海》通過對大海壯麗景象的描寫，展現出詩人博大的胸懷和積極進取的精神，成爲千古佳作。

论语

論語

学而时习之

學而時習之

子曰[①]：“学而时习[②]之，不亦说[③]乎？有朋自远方来，不亦乐乎？人不知而不愠[④]，不亦君子[⑤]乎？”

——《论语·学而》

曾子[⑥]曰：“吾日三省[⑦]吾身：为人谋[⑧]而不忠[⑨]乎？与朋友交而不信乎？传[⑩]不习乎？”

——《论语·学而》

子曰[①]：“學而時習[②]之，不亦説[③]乎？有朋自遠方來，不亦樂乎？人不知而不愠[④]，不亦君子[⑤]乎？”

——《論語·學而》

曾子[⑥]曰：“吾日三省[⑦]吾身：爲人謀[⑧]而不忠[⑨]乎？與朋友交而不信乎？傳[⑩]不習乎？”

——《論語·學而》

汉字变变变 ∞ 漢字變變變

篆书	隶书	草书	规范楷书
篆書	隸書	草書	規範楷書

汉字小游戏 ∞ 漢字小游戲

日 + 寸 = shí 时：时间、时光 / 時間、時光

日 + 广 = kuàng 旷：旷野、旷达 / 曠野、曠達

日 + 王 = wàng 旺：旺盛 / 旺盛

注释 ∞ 注釋

①子曰：孔子说。

②习：温习。

③说（yuè）：通“悦”，高兴，愉快。

④愠（yùn）：生气，恼怒。

⑤君子：道德高尚的人。

⑥曾子：孔子的学生。

⑦省（xǐng）：检查，反省。

⑧谋：做事，谋划。

⑨忠：忠诚，诚实。

⑩传：教，传授。

①子曰：孔子説。

②習：温習。

③説（yuè）：通“悦”，高興，愉快。

④慍（yùn）：生氣，惱怒。

⑤君子：道德高尚的人。

⑥曾子：孔子的學生。

⑦省（xǐng）：檢查，反省。

⑧謀：做事，謀劃。

⑨忠：忠誠，誠實。

⑩傳：教，傳授。

拓展小天地 ∞ 拓展小天地

孔子说：“学习知识以后，按时温习它，不也是一件快乐的事情吗？好朋友从远方来了，不也是一件高兴的事情吗？别人不理解你，你却不生气，不也是道德高尚的人吗？”

曾子说：“我每天都自我反省：为别人做事尽力了吗？跟朋友交往诚实吗？老师教给我的知识，我用心温习了吗？”

孔子說：“學習知識以後，按時温習它，不也是一件快樂的事情嗎？好朋友從遠方來了，不也是一件高興的事情嗎？别人不理解你，你却不生氣，不也是道德高尚的人嗎？”

曾子說：“我每天都自我反省：爲别人做事盡力了嗎？跟朋友交往誠實嗎？老師教給我的知識，我用心温習了嗎？”

敏于事而慎于言

敏于事而慎于言

子曰："道①千乘之国②，敬事③而信，节用而爱人，使民以时④。"

——《论语·学而》

子曰："君子食无求饱，居无求安，敏于事而慎于言，就有道而正⑤焉，可谓好学也已。"

——《论语·学而》

子曰："道①千乘之國②，敬事③而信，節用而愛人，使民以時④。"

——《論語·學而》

子曰："君子食無求飽，居無求安，敏于事而慎于言，就有道而正⑤焉，可謂好學也已。"

——《論語·學而》

汉字变变变 ∞ 漢字變變變

篆书	隶书	草书	规范楷书
篆書	隸書	草書	規範楷書

汉字小游戏 ∞ 漢字小游戲

攵 + 每 = 敏（mǐn）：敏锐、敏感 / 敏銳、敏感

攵 + 古 = 故（gù）：故事 / 故事

攵 + 交 = 效（xiào）：效果 / 效果

注释 ∞ 注釋

①道：同“导”，治理。

②千乘（shèng）之国：拥有一千辆兵车的国家。

③敬事：工作认真。

④使民以时：古代以农业为主，这里指让人民不违农时，及时耕种。

⑤正：端正，匡正。

①道：同“導”，治理。

②千乘（shèng）之國：擁有一千輛兵車的國家。

③敬事：工作認真。

④使民以時：古代以農業爲主，這裏指讓人民不違農時，及時耕種。

⑤正：端正，匡正。

译文 ∞ 譯文

孔子说：“治理一个有一千辆兵车的国家，要严肃认真地对待工作，诚实守信，节约费用，爱护官吏，让百姓在农时及时耕种。”

孔子说：“道德高尚的人，吃饭不要求饱足，居住不要求舒适，对工作勤劳敏捷，说话却谨慎小心，还经常到有道的人那里去匡正自己，这就是好学了。”

孔子說：“治理一個有一千輛兵車的國家，要嚴肅認真地對待工作，誠實守信，節約費用，愛護官吏，讓百姓在農時及時耕種。”

孔子說：“道德高尚的人，吃飯不要求飽足，居住不要求舒適，對工作勤勞敏捷，說話却謹慎小心，還經常到有道的人那裏去匡正自己，這就是好學了。”

三十而立

三十而立

子曰："吾十有五①而志于学，三十而立②，四十而不惑③，五十而知天命④，六十而耳顺⑤，七十而从心所欲⑥，不逾矩⑦。"

——《论语·为政》

子曰："吾十有五①而志于學，三十而立②，四十而不惑③，五十而知天命④，六十而耳順⑤，七十而從心所欲⑥，不逾矩⑦。"

——《論語·爲政》

汉字变变变 ∞ 漢字變變變

篆书	隶书	草书	规范楷书
篆書	隸書	草書	規範楷書

汉字小游戏 ∞ 漢字小游戲

心 +

或	=	huò 惑	困惑 困惑
相	=	xiǎng 想	想念 想念
太	=	tài 态	态度 態度

注释∞注釋

①十有五：十五岁。

②立：立足。

③不惑：知识、经验都较为丰富，不容易被迷惑，

不糊涂。

④知天命：知道天道与世事的规律与原理。

⑤耳顺：听得进别人的话或意见。

⑥从心所欲：做自己想做的事。

⑦矩：规矩，规则。

①十有五：十五歲。

②立：立足。

③不惑：知識、經驗都較爲豐富，不容易被迷惑，

不糊塗。

④知天命：知道天道與世事的規律與原理。

⑤耳順：聽得進別人的話或意見。

⑥從心所欲：做自己想做的事。

⑦矩：規矩，規則。

译文 ∞ 譯文

孔子说：“我十五岁时专心学习；三十岁时在社会上立足；四十岁时已经懂得很多知识，遇事不再糊涂迷惑；五十岁时明白有些事情是人无法支配的，因而不去强求；六十岁时能听得进别人的意见；七十岁时做些自己想做的事，一切言行都不会违反规矩。”

孔子説：“我十五歲時專心學習；三十歲時在社會上立足；四十歲時已經懂得很多知識，遇事不再糊塗迷惑；五十歲時明白有些事情是人無法支配的，因而不去强求；六十歲時能聽得進别人的意見；七十歲時做些自己想做的事，一切言行都不會違反規矩。”

学而不思则罔

學而不思則罔

子曰：“《诗》[1]三百，一言以蔽[2]之，曰‘思无邪[3]’。”

——《论语·为政》

子曰：“温故[4]而知新[5]，可以为师矣。”

——《论语·为政》

子曰：“学而不思则罔[6]，思而不学则殆[7]。”

——《论语·为政》

子曰:“《詩》[1]三百，一言以蔽[2]之,曰‘思無邪[3]’。”

——《論語·爲政》

子曰：“温故[4]而知新[5]，可以爲師矣。”

——《論語·爲政》

子曰：“學而不思則罔[6]，思而不學則殆[7]。”

——《論語·爲政》

汉字变变变 ∞ 漢字變變變

篆书	隶书	草书	规范楷书
篆書	隸書	草書	規範楷書

汉字小游戏 ∞ 漢字小游戲

氵 +

昷 = wēn 温　温暖 温暖

可 = hé 河　小河 小河

每 = hǎi 海　海水 海水

注释∞注釋

①《诗》：指《诗经》。

②蔽：概括。

③思无邪：思想纯正。

④故：旧的。这里指学过的知识。

⑤新：新的体会。

⑥罔（wǎng）：迷惑，意思是感到迷茫而无所适从。

⑦殆（dài）：疑惑。

①《詩》：指《詩經》。

②蔽：概括。

③思無邪：思想純正。

④故：舊的。這裏指學過的知識。

⑤新：新的體會。

⑥罔（wǎng）：迷惑，意思是感到迷茫而無所適從。

⑦殆（dài）：疑惑。

译文 ∞ 譯文

孔子说：“《诗经》有三百篇，用一句话来概括它，就是‘思想纯正’。”

孔子说：“复习旧知识，而能在其中得到新体会，这样的人可以当老师了。”

孔子说：“只读书而不思考就不能理解书里面的内容，只空想而不读书就会疑惑不解。”

孔子説：“《詩經》有三百篇，用一句話來概括它，就是‘思想純正’。”

孔子説：“復習舊知識，而能在其中得到新體會，這樣的人可以當老師了。”

孔子説：“衹讀書而不思考就不能理解書裏面的內容，衹空想而不讀書就會疑惑不解。”

知之为知之

知之爲知之

子曰："由①！诲②女③知之乎！知之为知之，不知为不知，是知④也。"

——《论语·为政》

子曰："人而无信⑤，不知其可也。大车无輗⑥，小车无軏⑦，其何以行之⑧哉？"

——《论语·为政》

子曰："由①！誨②女③知之乎！知之爲知之，不知爲不知，是知④也。"

——《論語·爲政》

子曰："人而無信⑤，不知其可也。大車無輗⑥，小車無軏⑦，其何以行之⑧哉？"

——《論語·爲政》

汉字变变变 ∞ 漢字變變變

篆书	隶书	草书	规范楷书
篆書	隸書	草書	規範楷書

汉字小游戏 ∞ 漢字小游戲

部件		部件		字	词
矢	+	口	=	zhī 知	知道 知道
矢	+	豆	=	duǎn 短	长短 長短
矢	+	巨	=	jǔ 矩	规矩 規矩

注释 ∞ 注釋

①由：即子路，孔子的学生。

②诲：教诲，传授。

③女（rǔ）：同“汝”，你。

④知（zhì）：同“智”，智慧。

⑤信：信用。

⑥輗（ní）：古代大车车辕前端与衡相接处的关键。

⑦軏（yuè）：置于车辕前端与车横木衔接处的销钉。

⑧之：助动词，无意义。

①由：即子路，孔子的學生。

②誨：教誨，傳授。

③女（rǔ）：同“汝”，你。

④知（zhì）：同“智”，智慧。

⑤信：信用。

⑥輗（ní）：古代大車車轅前端與衡相接處的關鍵。

⑦軏（yuè）：置于車轅前端與車橫木銜接處的銷釘。

⑧之：助動詞，無意義。

译文 ∞ 譯文

孔子说：“子路，教给你对待知或不知的正确态度吧！知道就是知道，不知道就是不知道，这就是聪明智慧。”

孔子说：“人如果不讲信用，那就真不知道该怎么办了。就像大车没有輗、小车没有軏一样，怎么能前进呢？”

孔子說：“子路，教給你對待知或不知的正確態度吧！知道就是知道，不知道就是不知道，這就是聰明智慧。”

孔子說：“人如果不講信用，那就真不知道該怎麼辦了。就像大車没有輗、小車没有軏一樣，怎麼能前進呢？”